¿DÓNDE ESTÁ...?
MAPAS DEL MUNDO

CÓMO HACER MAPAS

Por Todd Bluthenthal
Traducido por Esther Sarfatti

Please visit our website, www.garethstevens.com. For a free color catalog of all our high-quality books, call toll free 1-800-542-2595 or fax 1-877-542-2596.

Cataloging-in-Publication Data
Names: Bluthenthal, Todd.
Title: Cómo hacer mapas / Todd Bluthenthal.
Description: New York : Gareth Stevens Publishing, 2017. | Series: ¿Dónde está...? Mapas del mundo | Includes index.
Identifiers: ISBN 9781538205167 (pbk.) | ISBN 9781538205112 (library bound) | ISBN 9781538204986 (6 pack)
Subjects: LCSH: Map drawing—Juvenile literature. | Maps—Juvenile literature.
Classification: LCC GA130.B58 2017 | DDC 526—dc23

Published in 2018 by
Gareth Stevens Publishing
111 East 14th Street, Suite 349
New York, NY 10003

Copyright © 2018 Gareth Stevens Publishing

Translator: Esther Sarfatti
Editorial Director, Spanish: Natalie Beullens-Maoui
Designer: Samantha DeMartin
Editor: Joan Stoltman

Photo credits: series art CHAPLIA YAROSLAV/Shutterstock.com; cover, p. 1 (protractor) Gearstd/Shutterstock.com; cover, p. 1 (compass tool) Olga Popova/Shutterstock.com; cover, p. 1 (navigation compass) canbedone/Shutterstock.com; p. 5 Rob Marmion/Shutterstock.com; p. 7 Peter Hermes Furian/Shutterstock.com; p. 9 Icons vector/Shutterstock.com; p. 11 (map) olenadesign/Shutterstock.com; p. 11 (compass rose) Olegro/Shutterstock.com; p. 13 Aleksandr Markin/Shutterstock.com; p. 15 Mastak A/Shutterstock.com; p. 17 StockLite/Shutterstock.com; p. 19 Daxiao Productions/Shutterstock.com; p. 21 (pencil, eraser) MichaelJayBerlin/Shutterstock.com; p. 21 (markers) Vichy Deal/Shutterstock.com; p. 21 (compass) Rost9/Shutterstock.com; p. 21 (paper) Zhukov/Shutterstock.com.

All rights reserved. No part of this book may be reproduced in any form without permission in writing from the publisher, except by a reviewer.

Printed in the United States of America

CPSIA compliance information: Batch #CS17GS: For further information contact Gareth Stevens, New York, New York at 1-800-542-2595.

CONTENIDO

¿Qué es un mapa? 4

Escala 6

Dirección 10

Perspectiva 12

La leyenda 14

¡Haz un mapa de tu calle! 16

Glosario 22

Para más información 23

Índice 24

Las palabras en **negrita** aparecen en el glosario.

¿Qué es un mapa?

Los mapas muestran dónde se encuentran los lugares y la **distancia** entre ellos. Un mapa también puede darnos **información** sobre un lugar. Los cartógrafos, los que hacen los mapas, usan la **perspectiva** para realizarlos. Incluyen una leyenda y direcciones para que sean más fáciles de leer.

Escala

Cuando haces un mapa, lo más probable es que el papel que uses sea mucho más pequeño que el lugar que muestra. Para solucionarlo, los cartógrafos utilizan una escala. Así se sabe la **equivalencia** entre la distancia que aparece en el mapa y la distancia real en la Tierra. Cada mapa tiene su propia escala.

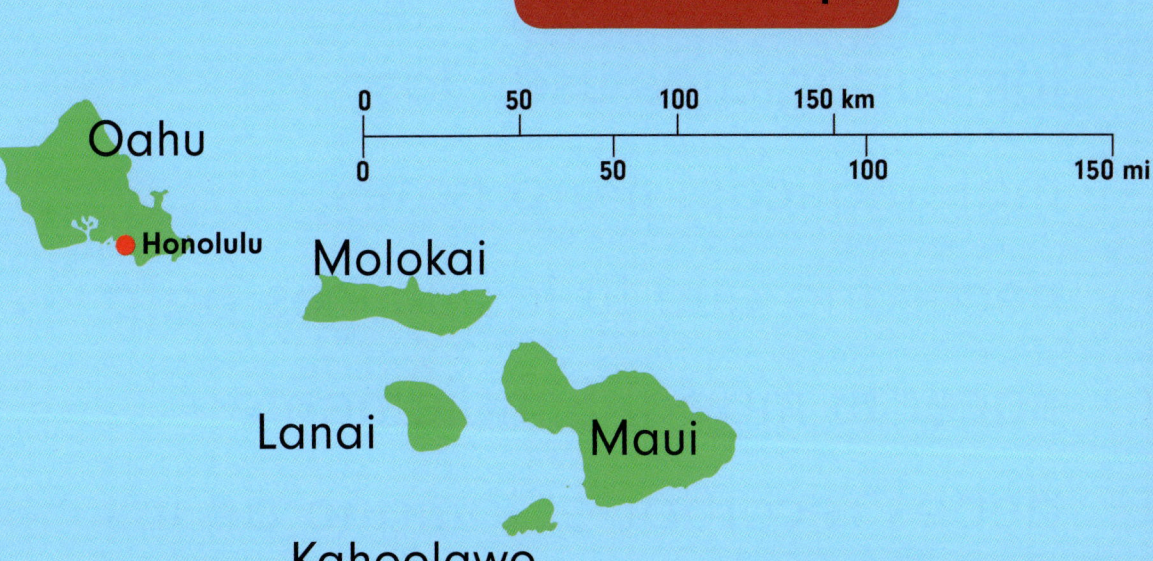

Para hacer una escala, los cartógrafos usan las matemáticas. ¡Pero no es necesario que tú las utilices para hacer tu mapa! Simplemente debes recordar el tamaño de las cosas en la vida real cuando las vayas a dibujar en tu mapa. Por ejemplo, si dibujas un edificio, debe ser mucho más grande que una flor.

Dirección

Leer un mapa sería difícil si no supiéramos en qué dirección está el Norte. La *rosa de los vientos* es un **símbolo** que usan los cartógrafos para ayudar a la gente a leer sus mapas. Debes utilizar una rosa de los vientos para que los lectores sepan dónde está el norte en tus mapas.

Perspectiva

La mayor parte de los mapas muestran los lugares desde arriba. Cuando hagas un mapa, imagina que estás mirando hacia abajo desde el cielo, como un pájaro. Esta perspectiva se llama *vista de pájaro*. ¿Qué ves? ¿Qué distancia hay entre las cosas que ves?

La leyenda

Una vez que hayas decidido qué poner en tu mapa, debes **asignar** un color, símbolo o línea a cada cosa. Podrías usar azul para el agua y cuadraditos de color naranja para las casas. Las carreteras podrían ser líneas negras. Haz una leyenda para mostrar qué significan los símbolos, líneas y colores.

¡Haz un mapa de tu calle!

Primero, examina bien tu calle para saber dónde está cada cosa. Sal por la puerta principal de tu casa. ¿Estás en el jardín? ¿Qué hay a tu izquierda y a tu derecha? Piensa en la distancia que pueda haber entre tu casa y los edificios cercanos. ¿Dónde está tu calle?

A continuación, paséate por tu calle para obtener información. Pide a un adulto que te acompañe y te ayude a tomar nota de lo que ves. Fíjate en los parques, las carreteras, las casas de tus amigos, los árboles, los letreros de las calles ¡e incluso en los perros! ¡Llévate una **brújula** y no te olvides de escribir en qué dirección está el norte!

Al volver a casa, dibuja la forma de tu calle en la parte central de una hoja de papel. Dibuja cada tramo de tu calle en el mismo orden en que aparece en la realidad, ¡pero "a vista de pájaro"! Después coloréalo y haz tu leyenda y la rosa de los vientos.

GLOSARIO

asignar: señalar que una cosa va con otra.

brújula: herramienta que te ayuda a encontrar la dirección.

distancia: cantidad de espacio entre dos lugares.

equivalencia: igualdad en el valor de dos o más cosas o personas.

información: conocimientos o hechos.

perspectiva: forma de mostrar lo cerca o lejos que están los lugares y que corresponde a cómo son en la vida real.

símbolo: imagen o forma que representa otra cosa.

PARA MÁS INFORMACIÓN

LIBROS

Boswell, Kelly. *Maps, Maps, Maps!* North Mankato, MN: Capstone Press, 2014.

Sweeney, Joan. *Me on the Map.* St. Louis, MO: Turtleback Books, 2015.

Waldron, Melanie. *Mapping Communities.* Chicago, IL: Capstone Raintree, 2013.

SITIOS DE INTERNET

¿Cuánto sabes de los mapas?
socialstudiesforkids.com/articles/geography/mapsavvy1.htm
¡Lee acerca de diferentes tipos de mapas!

El Gato Ensombrerado te ayuda a hacer mapas
pbskids.org/catinthehat/games/mappingtool.html
¡Haz un mapa lleno de colores de lo que tú quieras en línea!

Cartógrafo 2.0
mrnussbaum.com/mapbuilder2/
Haz tu propio mapa de Estados Unidos o del mundo.

Nota del editor a los educadores y padres: nuestro personal especializado ha revisado cuidadosamente estos sitios web para asegurarse de que son apropiados para los estudiantes. Sin embargo, muchos de ellos cambian con frecuencia, por lo que no podemos garantizar que contenidos que se suban a esas páginas posteriormente cumplan con nuestros estándares de calidad y valor educativo. Les recomendamos que hagan un seguimiento a los estudiantes cuando accedan a Internet.

ÍNDICE

brújula   18, 22

cartógrafos   4, 6, 8, 10

color   14

distancia   4, 6, 12, 16, 22

escala   6, 8

información   4, 18, 22

leyenda   4, 14, 20

línea   14

norte   10, 18

perspectiva   4, 12, 22

rosa de los vientos   10, 20

símbolo   10, 14, 22

vista de pájaro   12, 20